내 마음속 작란

진상록 시집

문학의전당 시인선
0262

내 마음속 작란

진상록 시집

문학의전당

시인의 말

햇살이 좋다
따스한 햇살이
언제부터 좋았는지는 모르겠다
나이 탓일까
최근 들어서 더 좋아지는 느낌이다
한적한 곳에 앉아
햇살을 수혈 받고 있으면
몸도
마음도
따듯, 따듯해진다

몸 안에 햇살이 돌고 돌아 써 보는
詩

참, 좋다

2017년 6월
진상록

차례

제2부

제3부

제4부

제1부

억새풀

잦은 흔들림이
아름다워 보이는 건
바람에 고개 숙일 줄 아는
연한 몸짓 때문이 아니라
그 순간
나 역시 흔들리고 있었음을
알았기 때문이다

하이얀 가슴으로
서걱서걱
허공에 쓰는 詩

언제 어디선가
때맞춰 불어올 바람을 앞에 내세워
하늘에게만
살짝 전하고 싶은
아! 귓속말의 전문

거울

잠시 멈칫하다가
복병의 안개처럼 한꺼번에 몰려오는
그릇된 생각들
섣불리, 내버릴 수도 없는

아득한 저 아래서
더 더 낮은 한 곳에서
소리 없이 솟구쳐 오르다가
반듯한 표면 아래
춤추는 허수아비마냥 달라붙는다

가두고자 버티는 허상과
벗어나고자 몸부림치는 그림자가 서로 등 떠밀며 견주어 보다가
분절의 경계선에서
기어이, 기어이 떨어질 수도 없는 한 몸이 되어
버려진 낙엽처럼 나뒹군다

자유로운 많은 것들은 허우적대는 삶을 감추고자
안으로
안으로 더
숨어들기 위해 아우성이고

갇혀 있는 작은 것들은
단 한번으로 족할 심호흡을 위해
밖으로
밖으로
그저 벗어나려는데

하이얀 오류로 덧칠한 정당한 슬픔과 마주볼 때
나는

용서하고 싶다

도적질 당한 한때의 청춘마저도

풀잎의 상처는 아름다웠다

마냥
마냥
흔들려도, 뒤흔들려도
그것 또한
저리 좋다고 춤추는
연한 풀잎의 살찐 허리를
톡
꺾어놓은 자 누구이런가
어제의 그 바람인가
오늘의 이 빗방울인가
금세라도
다시, 비바람 휘몰아칠 먹장 하늘의 든든한 기세
바람에 휘감기고
빗방울에 꺾이어도
끝내는 부서져도 좋다고
꺾인 허리로
바람에 온몸 비트는
풀잎의 상처는 아름다웠다

낙서 한 토막

잊는다는 일
무어 그리 대수인가

잊고자
잊고자
몸부림치면서도
잊으려 하지 않는 것이
모름지기 사람 사는 일이란 걸
이미
알고도 남음인데

이젠
더 잊어야 할 이유마저도 없건만
잊을 수 없는 것
애써
잊고 잊어보려는
서툰 몸짓은
하얀 삶의 종잇장에 마구 그어대는
한 토막 낙서다

길, 내가 가고자 하는

그저
끌어당기는 힘에 이끌려
무작정
흘러가고 있었다

검푸른 동공을 가득 메운 낱말의 옷자락
애써 붙잡고
이제나
저제나
그러나, 한결같은 느린 걸음과 호흡으로
마지막이길 꿈꾸는
한 곳을 향해

닿을 수 있을까?
언제
그 언제쯤이면

알아볼까?

가다 가다가 꼬깃꼬깃해진
마음 한 자락을

그루터기

내 모든 것
이제 다 없다
주어야 할 것 다 줘버리고
가져야 할 것 다 줘버리고
남은 건
문드러지는 살덩이
고이
고이
바람결에 날려 보내는 일
단지
하나 남아 있을 뿐
이제
다른 게 없다

다 가져

더 이상
남은 것 무어라도 있거든

(··················)

쉬어갈 테야?

맨가슴을 꼬집히다

바람결에 묻어와
한순간 떼 지어 몰려가는 가을이
먼 길 떠나기 전 몰래 다가와
"나를 잊었느냐"
창문 두드리며 묻는다

잊었노라
잊었노라
단 한마디 말할 수 없음에
다만,
토닥토닥 귓가에 속삭이는 빗방울을
눈여겨볼 뿐

머뭇대던 가을이
속 좁은 이유를 캐물으며
숨겨둔 대답
기어이, 기어이 재촉하고

가진 것 없는
내가
오로지 해야 할 일은
산다는 것에 대하여
그나마 담담해지는 일이기도 한 것 같아
4분의 4박자로 내리는
빗방울의 음표만
하나
둘
셋
눈치 없이 세어보는데

질문을 잊을 만한 순간
하늘은
하얗게 날선 칼날, 번득이는 섬광으로
콕
나의 맨가슴을 꼬집는다

곡예의 시간

아침, 그 팽팽한 시간

발 닿으면 흔들리는
한 줄 위에
가만히, 가만히 서 있어도 기우뚱거리는 육신
날마다 얹는다

떨어질 듯
휘청
휘청
중심잡기 아스라한 시간의 줄을 두 발로 딛고
두 팔 벌려도
넘어질 듯

움찔! 외줄 딛고 선 하루

기다랗게 뻗은 24시간을
무작정 맨몸뚱이 하나로 건너기 위해

어설픈 곡예의 춤을 추는
목마른 인형

때로는, 잠시 느슨해지기도 하는 하루가
다 저물면
다시
시간의 외줄은 팽팽해진다

아무 일 없었던 듯

집착에 대하여

한 끼
두 끼
그리고, 또다시 먹어야
사는 일 같은

아! 내 마음속 작란(作亂)

열쇠

동그란 쇠줄에
제 아가미 콕 꿰어
자유롭고 싶은 지느러미를 속박당한 채
허우적, 허우적거리는
은빛 물고기

회색 물결
가슴, 가슴마다 출렁, 출렁이는
아득한 세상에서

정작
내가 열고자 하는 것은
아무것도
열지 못하는

삶

머물 곳 찾는
마음의 방향 두 줄기는
바라만 보며 가는
평행선

차곡
차곡
하루의 돌탑 위에
또 다른 시간의 돌을 쌓고 쌓으며
비밀스런 소망 키워 가는
生

멀리 바라보면
한 점에서
아직도 서로 맞물려 아른, 아른거리는
신기루

좁혀질 듯

좁혀지지 않는

가까워질 듯
가까워지지 않는

바람에게

직선으로 내리는
빗방울 사이, 사이를 뚫고
복병처럼 달려드는
그것은
정체불명의 색깔 하나 없는 낯선 바람이다

한마디 인사도 없이
귀밑머리 살짝 건드리다가
어질러진 마음
몰래 몰래 엿보고는
세상 살다가 아무렇게나 널려진 사연들을
점자 읽듯이
낱낱이 파헤친다

훔쳐보는
그것만으로는 불충분하여
첩첩산중으로 내밀한 내 마음의 색채마저
정녕

허락 없이 열어봤다면

훗날
답신 품에 안고
다시
곧은 빗방울 사이, 사이로 돌아올 적에는

쉿!

쉿!

귓속말로 전해주시길

낡은 활자

밤새껏
갈무리하지 못한 모순 덩어리들
하나
둘
다시, 챙겨 들고
먼 길을
어제처럼 또 나서는데

끼이익!

외마디 비명 소리에
세상으로 향하는 좁은 문이
나를 떠밀어내고

나를 집어삼킨 사각의 엘리베이터는
버튼 하나에
허공에서 땅까지

투명한 햇살이
갓난아이 돌보듯 대지를 어르고, 어르고 또 달래어도
곳곳이 회오리바람 휘몰아치는
황망한 들판

어둠을 헤치고 다시 찾아온 좁은 문가에는
낡은 생각들이
나보다 먼저 돌아와 있다

빈집 모퉁이 겹겹이 쌓인 신문더미 활자 같은

넝쿨장미

굳이
왜
담장 너머로
붉은 열정 내보이려느냐
순간의 유혹에
이성이 발목 잡히니
쉬이
쉬이
아무에게나 꺾이려고
발돋움하지 마라
일어서기보다는
안으로, 안으로 삭힌 순정에 혼절하도록
망울진 선혈
속삭이듯
속삭이듯
살포시 터뜨려라
더, 더 내보이기보다는
담장 안

숨은 향기에
어느 누군가 얼큰하게 취해
빼꼼
들여다보게 하라

시간을 지우는 지우개

쉴 새 없이 단조로운
일상의 굴레

쓰다 만 지우개로
제때
목숨을 다해 쓰이지도 못하는
시간을 지운다

지워도, 지워도
시간은 살아서 더 파릇파릇 움직이고
지운 것 하나 없이
지우개는
제 속살만 떨어져나간다

지우지 못할 삶의 굴곡진 파편들을
애써 지우려는

한낱, 일상의 부질없음이여

제2부

자화상

나이를 먹어도
더 이상 자라지 않는
나무가 되어 있었다
보이지 않는 나이테로
허기진 배를 채우는

슬픈 일 보아도
이제는 눈물이 나지 않는
어른이 되어 있었다
검은 눈동자에
하얀 사막의 밭 넓혀 가는

자라지 않는 몸통에
어린 두 가지가 뻗어 가는
다 자란 아이 같은
고독한 나무가 되어 있었다

무엇이 될 수 있을까

한 아이가
넓고 넓은 초록의 언덕에서
한가로이 풀 뜯는 소의 고삐를 꼭 부여잡고
턱 괴어 앉아
아버지처럼 어른이 되어서는
무엇이 될까
무엇이 될 수 있을까
무엇이
나를 어떻게 만들까
생각하고 있었지

한 어른이
작고 작은 방 안에서
말이 되지 못한 문장 속 낱말을 하나, 하나 헤이며
텅 빈 하늘 보다가는
다른 사람들처럼 나 이미 다 컸는데
무엇이 되었지
무엇이 될 수 있었지

무엇이
나를 또 어떻게 만들어줄까
아직 고뇌하고 있었지

눈을 감고

덜커덩, 덜커덩거리는
버스 안에서
덩달아 흔들거리는 아침의 상심 잊어보려
눈을 감는다

잠시, 잠시 동안
('잠시'라는 것이 나만의 착각일 때도 간혹 있다)

한 사람이 걸어 올라오고
두 사람이 마저 따라오고
늘어나는 사람만큼
버스 안을 가득 맴도는 고요의 숫자도
마른 짚단처럼
고즈넉이 쌓여간다

가다 보면, 목마른 사람들이 이리저리 목을 빼고 정당한 기다림을 표시하는 사거리 승강장

골목 한 귀퉁이에
고목이 다 되어가는 느티나무 한 그루가
늘 그 자리에 마중 나온다

고정된 눈길, 그 동공이

가만히 앉았어도 둥 둥 움직이는 나를
출근하는 날에 한 번씩
그 길목에서 빤히 바라보는데

가만히 서서 천년을 더 견디어야 할
저 늙은 눈빛과
백년도 못 채우고 사라질 나의 눈빛이
잠시, 맞부딪친다
('잠시'라는 것이 또 나의 착각일지도 모르지만)

모진 한기
물기 없는 습지 같은 가슴에 쏘옥 들어찼지만

차마 더 이상은
온기 담을 빈 마음 한 평 없지만

내게 남은 일 있으니
다시, 하루를 고이 접어 두고서
그저 흔들거리는 눈빛을 몰래 감추기 위해 가만, 가만히 눈을 감는다

덜커덩거리는 낡은 버스 안에서, 나도 덩달아 흔들리면서

뭇 사람들
하나
둘
서둘러 침묵을 챙겨들고 소란스레 나갈 때
노오란 병아리마냥
졸래졸래 길 따라나서는
아!
고요

한순간 고요가 다 빠져나간 버스는 몸이 가벼워져
혼자
더, 덜커덩 덜커덩거린다

곧, 혹한의 광야로 나갈 시간이다

소나기

무더운 바람 불어와
맨가슴 할퀴고 지나간 뒤
창문가에서 소란스레 떠드는 빗방울의 웃음소리
요란, 요란한데
창문 너머 빗소리를 세고 있는
나는
왜 이다지 고요로 넋을 잃고 있는가

나를 바라보는 저 빗물과
비를 바라보는 내 눈빛이
유리 창문을 넘지 못하고 서로 충돌하는
아슬, 아스라한 간극

제대로 된 반란인가

빗방울의 떠들썩한 소란 속에서 퍼지는
고요, 숨이 막히는

아득한 저 너머 세상
멈추어버린 시간의 옷자락을 면도칼로 툭 잘라낸 듯
사각 액자 속에 고정되었다

비 그친 후
초록 우산 같은 감나무 잎사귀 들추고 나온 매미 한 마리가
목청이 터져라, 터져라 부르는
선선한 곡조

온 세상
노랫소리 들리는 곳은 제 영토라 외치는데
반기 드는 이
아무도 없네

불빛

어둔 길
곤죽이 된 수렁에
발걸음 쉬이 내려놓지 않을까
비좁은 골목 네모난 창문에 순서를 정해놓은 듯 켜지는
오렌지 불빛

저물녘 돌아올 사람 맞으려 저마다 몸단장을 한다

먹물 풀어놓은 어둠 속
혼자 말끔히 얼굴 씻은 빛은
대문 밖
멀리 잠을 내쫓고
돌아올 그 사람인가
먼 데서 오는 발자국 소리
또각
또각
한 자씩 읽는다

자정 고개 너머 새벽이 달려와도
담벼락 사이, 사이
빛은
도대체 꺼질 줄 모르고
창문에 엉겨 붙은 둥근 한 그림자는 오뚝이마냥
앉았다
일어섰다
기다림에 목젖이 타는데

기다리다, 기다리다 끝내는 그리움이 온몸 가득 스며든
저 빛

보란 듯, 홀로 차분해진다

징검다리

한 발로
하나를 건너뛰고
또 한 발 성큼 내딛어
두 번째 돌을 뛰어넘고
그 너머
멀지 않은 곳에 있는
세 번째 돌을 바라다본다
바로 지금이 아니더라도
언젠가는 넘어야 할 태산같이
작은 몸
우뚝 버티고 있는
징검다리 위에서
다시, 두 발로
다음 하나를 톡 딛고
또, 두 발 가지런히 모아 돌 건너다가는
물속에 내비친 그림자를
눈동자 안에 가둔다
가만히 서서 바라보는

그림자 하나는
물속에서 흔들리고 있다
눈에서 일렁이고 있다
가야 할 길 서둘러 가는 물처럼
바삐 가는 세월 속에서
온몸 출렁 출렁이며
한 점에
나는 멈춰 서 있다

그림자

그림자에는
더 멀리 내다볼 수 있는 두 눈망울이
숨어 있지
멀지 않은 거리에서
어깨동무하며 토닥거려주는
하늘 같은 마음이 달렸지
슬플 때에는
나를 대신해 보이지 않는 눈물 흘리고
기쁠 때에는
나와 함께 싱긋 웃지
이거, 비밀인데 말이야
너, 그거 아니?
눈과 마음이
꼭!
나를 닮고
너도 닮아 있다는 걸

꽃망울

훈훈한 바람
살포시 불어올 때
한 잎
두 잎
겹겹이 쌓인
먼지 말끔히 씻어내고
따스한 햇살
한줌으로
고옵게 화장한 너는
인기척도 없는
어느 간곡한 야밤에
꺼질 듯
꺼질 듯
그러나, 꺼지지 않는 운명의 몸짓 하나로
환한 불꽃
간신히, 간신히 피우는
살가운 얼굴

낙숫물 소리

하늘 끝 훌쩍 뛰어내려
응어리진 모서리 처마 턱을 물고
용마루 전설 전하는
낙숫물
토닥
토닥

도르르
또르르
동그란 방울방울 구르고 굴러
몽상에 빠진 세상
간지럼 태우는
손짓

가끔 잊을라
무신경해지는 지경에
우르르
우르르

간혹, 하늘의 절규는 있었지만

검은 얼굴의 구름
사라지는 것 또한 한순간, 언제 그랬냐는 듯

하릴없이
하릴없이
나는
낙숫물 소리, 그 간절한 자음과 모음의 음운을
하나
둘
가슴으로 읽고 있다

빗방울이 마음을 노크하다

작은 빗방울 방울이
빈 마음을
둥둥 두들긴다
토닥
토닥
때로는 온정이 담긴 손길로
고독의 벌판을 어루만진다
내려도
내려도
한 곳에 고이지 않는 빗방울은
내 가슴 안으로
뚜렷한 흔적 하나 없이
스며들고
빠져들고
남고 남는 건
숨겨둔 추억을 후비며
귓가를 맴도는 아득한 중저음의 소리
젖은 몸으로

다른 온갖 것들의 몸을 고이 적시는
빛나는 음표
하나
둘
어깨동무하며 모이고 모여 눈물샘에 고이는데
아!
동그란 빗방울들이
하얀 사막같이 내버려진 마음 다독이려고
토옥
토옥
쉼 없이 노크한다

떨어진 마음을 밟고 길을 간다

한 발
두 발
내딛는 발걸음에
버려진 마음들이 모여
발자국 속에 인화된다
다가오는 날을 위해
내버리고 싶은 삶의 찌꺼기들은
거머리처럼 심장 가까이 달라붙고
남몰래 간직해두고 싶은 것들은
붙잡아도
매달려도
어디론가 빠져나간다
어제 말없이 지나갔던 길을
오늘 또다시
어제처럼 그 길을 걸어간다
희미해진 발자국에 파묻힌 마음 조각들을
낙엽처럼 밟고 길을 간다
오늘도 내가 가고

내일도 내가 또 가야만 하는 길
누구나 가고 있고
누구나 다시 가야만 하는 길
혼자가 아닌 우리 함께 달려가야 할 길을
혼자 걸어야 하는 이유
잘 아는 이 있다면
한없이, 한없이 그에게로 달려가
대답해 보라
나 졸라 볼까 한다

햇살을 건져 올리다

바람에 부서지는 바다
산산이 깨어지는 물결
가만히 사라지는 포말
상습적 침략으로 한순간 머무는 파도가
홀연히 떠나가는
빈 바닷가 모래밭
내버려진 채 마구 뒹구는 햇살을
주섬주섬 건져 올린다
타닥타닥 타들어가는 호흡 급한 물고기처럼
튀어 오르는 마른 햇살
모래알은 주저주저하다 끝내 침몰하고
구멍 속을 허우적대는 발걸음
가슴에 온기 하나 없는
나도 빠져들어 간다
저 멀리 출렁거리는
한 획에서
봉긋한 곡선 그리며 날아오르는
갈매기 한 마리

젖고 젖은 날갯짓으로
내 붉은 심장 가득 모아둔 햇살을
이리저리 헤치고 파고든다
간절한 소식 담긴 바다의 엽서 한 통 없이
제 둥지마냥

아! 애달픈 가슴에
저리도, 저리도 천연덕스럽게

익명인

벌건 대낮에도 길을 가다가
누군가와 어깨 부딪칠까 조심스럽다
살짝 옷깃이라도 스칠까봐
몇 발걸음 더 떨어져 걷기도 한다
그건 그렇다 치고
서로 겸연쩍은 건 언제부터였을까
우연일 뿐이라지만
좁은 골목길을 걸어가는 여자와
설핏 눈길이라도 잘못 마주치는 날에는
어느 때 원죄에 걸려들지도 모른다
잠시 심려를 끼쳐 드린 까닭에
얼굴에 미안함을 또박또박 써야 하는 일
이 얼마나 화려한 반성이던가
원하지 않았던 일에도
원숭이의 학습 능력만은 자손 대대로 물려받아
익숙한 것에 반론을 제기해선 안 된다
같은 길을 걸어간다지만
꿈꾸는 우주가 다르다

이름을 물어볼 필요가 없다
아무라도 상관해서는 안 된다
그럼에도 불구하고, 마지막까지 좀 더 결백해져야 할 일은
아직 남아 있다

조각배

회색의 도시를 표류하는 조각배
한 척

떠나올 때 이미 예정한 항로도 없이
유령선처럼 맴돌며
떠돌고 떠도는

잔잔한 물결도 잠시
한입에 집어삼킬 듯 덤벼드는 세상의 성난 파도를 만나면
출렁이는 물결 따라
같이, 같이 흔들려야만 살아남는
아!
일엽편주

하늘 닿는 생각의 돛대에
흔적 없이 사라지는 구름 같은 상념 자락 깃발로 내걸고
구부러진
사상의 노를 젓는다

고독의 닻 내리고
오롯이 정박해도 좋을 섬 하나 찾고 찾아서

오아시스가 있는

폭우 내린 후

후두둑
후두둑
먹빛 구름의 칼날 같은 난도질도
짧은 한순간이었다
그러나, 입김 서린 유리창 너머
쏟아지는 비를 바라보는 풍경은
무방비 상태
제멋대로 무너지는 것과
사방으로 부서지는 것은
순간의 벼랑 앞에
우뚝
등 떠밀리며 섰다
스쳐 지나던 길목 가장자리 비껴 서 있는
연초록 흔한 풀잎 한 자락
흔들리는 춤사위가
정작 고와서 다가섰더니
흐린 물빛보다
더 서럽다 하더라

제3부

아름다운 슬픔

고독은
아름다운 슬픔을 영혼에 새기는
불멸의 조각가

삶의 낱장
흔들리는 한 페이지, 페이지마다
무색의 눈물 대신
볼륨 있는 슬픔을 새긴다

도안 없이 조각된
영혼의 판화
어느 날, 추억의 물감으로 몇 장 찍어내면
사연의 농도가 짙은데

한동안
고독이 조형한 삶의 한 페이지에는
슬픔 한 됫박이
잘 익어 있었다

시간의 파피루스

오래된 독사진 속에
다 웃지 못한 웃음이 있다
웃다가 만 웃음은
빛바랜 사연 하나쯤 안고 있다
언제나 웃음과 무표정의 중간에서
돈독한 혐의로 가득한 얼굴
아무렇게나 포장한 추억을
나 역시 빙자하고 싶은 것이었는지도 모른다
오래되면 오래될수록
에곤 실레*의 자화상처럼 앨범 속에 갇혀
진술하지 못할 추억도 많아진다
내밀한 사연들이 숙성되면
그 농도도 짠한 맛이 나는가 보다
사진 속의 엉성한 웃음과
사진 밖의 무표정 사이에서
더 생소해지는 이성
방금, 또 졸렬한 과거가 되어버린
시간의 파피루스 위에

이제, 삶의 조서를 넉넉하게 써야 할 시간이다
웃어도 다 웃지 못한
울어도 다 울지 못한
한때, 사소했지만 고독했던 일들을

---

* 에곤 실레(1890~1918): 오스트리아 출신 화가.

밑줄

갑옷 두른 소나무 숲

그 속에,
('아득한'이란 단어는 생략하기로 한다. 나 이미 당도하였으므로)

온종일 숨바꼭질하며
꼭
꼭
숨은 매미
나무의 하이얀 속살 긁어대다가
내리쬐는 햇살에
온갖 투정을 부리듯
쉬~ㅁ
쉼, 없는 소리로
어이
저리도 그윽하게 끓고 있는가

앗, 따가운 햇살

여름의 두툼한 책 한 페이지
속
밑줄 그어진

맴, 매～ㅁ

늦은 일기

하루 동안
써야 할 얘기들을
다 못 쓴 채
벌써, 잊었다
달려도
달려도
헛발질로 이내 주저앉고
기어도
기어도
허공에 헛손질 해대며 제자리를 맴도는
조각난 꿈

얼기설기 꿰맨 옷처럼 엉성한 하—루

내가 보낸 하루가
마지막 종점에 다다를 때
시간을 쫓아가지 못하고
오늘도 지각이다

밤늦은 시각
나는, 또다시 늦은 일기를 쓴다
오늘 하루의 파릇파릇한 모습이 아닌
내가 보낸 어제와
그 이전에
이미, 놓쳐버린 과거의 말을
고백하기 위해서

눈물샘에 그리움이 찰랑거리다

깊숙이 뿌리내린 나무에서
새로 돋아난 잎이 바람의 유혹에 맞선다
꼿꼿한 자태다
연초록의 새잎은
한입
봄빛을 가득 머금고
그간 잘 지냈냐는 듯 얼굴을 반짝거린다
빛을 발할 때마다
훈기처럼 빠져나온 설렘의 기운이
동공 속에 숨어들어
동그란 한 점으로 머문다
검은 흑점 속 이슬처럼 맺힌
한 조각 빛 덩어리는
내 눈동자 속에서
내밀한 사연 감싼 이성의 보따리를
쉬이 풀어 헤치는데
그 내막 고이 들춰보면
눈물샘에 그리움이 찰랑거린다

그러한 순간에, 잠시 고개 젖혀 올려다보는 하늘은
헤아리지 못할 마음인 듯
그저
그저
아득, 아득하기만 하더라

만선

검은 물결
창문 가까이 다가와 어깨 들썩이며
출렁, 출~렁
간혈한 나의 삶처럼 느슨하게 짠 그물을
어둠 한가운데로

휙

하루 동안 진 빚을 모조리 되갚을 양으로
그물 하나 던져두고
한곳에 눈빛을 집중하면
한순간 의식이 몽롱해지다가
빈 영혼 실은 배는
암초에 걸린 난파선처럼 기운다

마침, 제대로 걸린 듯

배는 한쪽으로 기울고

무게중심을 저울질하면서 팔뚝 걷고 그물을 올리면
심해의 낯선 물고기들이
파닥, 파~닥
몸을 뒤집고 올라온다

생각지도 못한 것들이 함박, 함박 아가미를 뻐끔거릴 때마다
허공에 뱉어내는 물음표들

어둠 속을 항해하는 나의 배는 물음표로
항상, 만선이다

햇살을 수혈 받다

짧은 생애에
부족한 것 있다면
생존에 필요한
검붉은 혈액이 아니다

나에게 말이야
더 필요한 것 있다면
그 넘쳐나는 핏방울을 온전히 달구어 줄 수 있는
하이얀 햇살이다

양지 바른
어느 한 적당한 곳에서
문득
내가 먼 산을 그윽이 바라본다면

그건, 있잖아

차별 없이 쏟아지는 햇살을 수혈 받고 받아

누군가에게
온기를 전하고 싶은 것이다

초록의 대화

어릴 적 살던
고향집 뒤뜰 언덕에
초록의 머릿결 살랑, 살랑대는
다소곳한
그녀가 지금도 있다

아주 먼 곳에서
바람이라도 부는 날이면
귓속말하길 좋아해서
가까이, 가까이 다가선 내 얼굴에
제 고개를
낮게, 더 낮게 들이밀고는

소근, 소근

언제라도 얼굴 맞대면
내 가슴속 시름의 마당에 우수수 떨어져 있는
색깔 잃은 상념의 티끌

긴 머릿결로
하나
둘
남김없이 쓸어내 주는
초록의 그녀

채우는 것보다는
비우는 일부터 먼저 해보란 듯
텅
텅
비인 가슴으로

서걱, 서걱

아무것도 하지 않은 날

무심하게 덤비는 시간을
구겨진 휴지 조각처럼 버리며
아무것도 하지 않은 날이
내게는 차라리 다행스럽다

내가 가진 허물을
영영 갚지 못할 고리대인 듯
네게 뒤집어씌울
헛된 수고로움도 덜고

네가 지닌 허점을
보물 파내듯 파헤치고 헤쳐
변명으로 억누를
약점 찾지 않아도 되니

아무것도 하지 않은
그런 날이
모름지기 살아가는 일 중에서

얼마나 대견한가

마주보는 시선 하나로
네가 나를
내가 너를
이미, 알 수 있으므로

아! 얼마나 다행인가

나의 고독

모월 모일에

수북이 쌓인 책 더미 속에서
손에 잡히는 대로 다시 꺼내 본
헌책의 속살을
무심결에 하나 둘 넘기듯이
하루 또 하루가
시간의 담을 넘어간다

스치는 일상들
모조리 다 기억하기엔
제 각각의 빛이 요란한 탓에
기억하고픈 일만 골라도
사이사이 빈 간극을 헤집고 들어와
새치기하는 것들

비인 틈만 있다면
가지고 싶지 않은 것도

가지고 싶은 것들 속에 몰래 파고들어
무릇, 함께하려는가 보다

어울리지 않아도
제자리인 듯 들어차
가끔은
어깨를 기대려는가 보다

기대고 뒹굴다
하루, 그리고 또 하루가 서로 섞여 한 몸이 되면
두툼한 추억
어느새 한 권의 헌책이 되는
나의 고독

그늘의 숨결

햇살이 스미는 것은
모두
그늘이 된다

그늘도 숨을 쉰다

한순간에 생겼다가
아스라이 사라지기도 하는
나무 그늘의 작은 숨구멍 속으로
대낮에 뜨는 별
하나
둘
셋
……
숨고, 숨어들어
뭇별로
다시 뜨곤 하는데

지상의 가장 낮은 곳에서
그늘이 호흡하는

그래,
너 나랑 머리 맞대고 앉아
그늘의 숨결
다 세지 않을래?

생을 그리는 동그라미

또각, 또각

적막한 세상 가운데
색깔 잃은 한밤을 온통 지배하는
상념의 반주

시곗바늘은
정직한 발걸음을 내딛으나
한 점에 한 발이 묶여
도착하는 곳은
언제나, 처음 시작한 그곳
다시, 돌아보지만
회귀 본능은 어쩔 수 없다

마치, 과거를 다시 살아보려는 듯

하나
둘

늘어가는 생의 나이테 덧칠하며
나날이
제 몸의 입자 불려 가는
아!
고독한 동그라미

뽀드득, 뽀드득

뽀드득, 뽀드득

무반주의 세상
적막하게 내딛는 발자국 밑에서
순간, 순간 솟아오르는
음운 하나

누군가의 발자국 밑에
다소곳이 숨죽이며 있다가
하이얀 눈 위에
때 묻은 흔적처럼 낙인이 되어버린
뭇 발자국 속에
내 발자국을 맞춘다

하이얗게 빛나는
곱다란 이상 머리 한가득 올려놓고
한 발
두 발

뭇 발자국을 따라 걷노라니

한 끼 굶은 내 뱃속에서
한순간 들끓는
아!
우주의 소리

뽀드득, 뽀드득

눈 속의 생강

붙들어도 붙들어도
산산이 흩어지는 허상의 조각들이
날마다
눈 속을 흐르고 흐르지만
밤이면
더욱 세차게 소용돌이 이는
붉은 생강

어둠이 깊어질수록
그 수심은
천 길
만 길

느낌 하나가
또 다른 생각 하나를 깨워
길어지고
깊어지고

하이얀 벌판 가득
찬바람 휘몰아칠 때마다
더 낮은 곳을 찾아 잔가지 뻗어 가는
샛강은
아무 스스럼없이
네가 머무는 한 방향으로만
길을 내는데

붉은 물결을 따라
항상, 너 하나만을 태울 빈 배 위에서
나는
그리움의 노를 젓는다

고독의 잎사귀

생의 나이테
더 이상 불려가지 못하는
고목 한 그루에
어느 날 문득
슬픔을 꿰뚫는 고독의 잎사귀 하나 돋았다
균열된 내부
이미 굳어진 속살에
여기
저기
들끓어대는
바람이 쏘옥 들어차
묵정밭처럼 묵혀 둔 가슴속 상처를
간질간질

소우주 하나가
꼿꼿이 허리를 세운다

제4부

빗방울 이야기

비가 내리네
말이 되지 못한 채
삭힌 기호들이
비가 되어 내리네
여기저기 바닥에 부딪혀 나뒹구는 자음과 모음
음절이 되지 못하고
제멋대로 부서진 훈민정음이
동그랗게
동그랗게
곡예의 원을 그리다가
다시, 서로를 부둥켜안고 흘러가다가
한곳으로 모여드네
입 속에 머물 땐
남남인 듯
서로 밀쳐내던 낱말 조각들이
빗방울의 울림에
제 발음의 짝을 찾아
소리 되어 흘러서 가네

초록의 복병

무딘 여름
어서 가라 등 떠밀고
가을, 가을아
어서 오라 손짓했더니
초록의 병사들이
길을 막는다

그러한들
여름보단 내겐 가을이 좋아
가을, 가을아
오라 오라 외쳤더니
투쟁의 머리띠 두른 초록의 복병 맨발로 나와
아직 두고 볼 일 남았다며
서로 협상하잔다

저무는 여름, 정오를 알리는 시간

짧은 생애의 끈 놓지 않는

매미 군단

한번 가면 다시 올 수 없다는 듯
반기 들어
저리, 저리 울음 난리다

눈부터 젖는다면

말하기 전에

눈이 젖어버리진 말자

눈부터 젖는다면

차라리 말을 삼키자

젖은 눈이

이미 다 말하였으므로

매미

종일토록 울었다
우는 일 외에
나에게 다른 할 일은
그저 무의미하다
네가 다니는 길목에 터 잡은
한 그루 나무
그 까슬까슬한 가슴 꼭 붙잡고 매달려
목청이 찢어지도록
입술이 부르트도록
그리움에 허기진 울음 울었다
추억의 수액으로
바싹 타들어가는 목젖 적시며 울다가
눈물샘 다 마르면
윤회를 꿈꾸며
그리움의 문을 닫는다

편지

그리움을 뭉친
뜨거운 낱말들이 모여
하얀 종잇장의
허기진 뱃속을 채운다

그나마
빠듯한 사연들은
어린 아이 입에 문 풍선처럼
한껏
부풀었다가
다시, 바람이 빠지고

자꾸만 희미해지는
기억의 조각들 낱낱이 긁어모아
순서를 정해 맞추고

손질해가면서
다듬어가면서

밤새껏
불 밝혀 써놓은 편지
한 통

정작, 수신인이 없더라

안부

눈이 내리네
유리창에 비친 내 눈 속에도
하이얀 눈이 내리네
메마른 대지 위에
소복
소복
눈이 쌓이네
황량한 마음 위에도
가만
가만
그리움이 쌓이네
눈동자 속에
하염없이 내린 눈이
가슴 깊은 곳에
그리움의 제단을 만드네
눈이 내리면
당신이
내 안부를 묻는 것 같아

눈망울이 시큰해지네
하이얀 눈처럼
그리움도 쌓이고 쌓여
깊이를 더해 가면
내 마음도
포근, 포근해지네

바람의 편지

저 바람 한 줄기
소매 붙잡고 매달리면
네 소식
금방이라도 알 수 있을까
생각의 늪에
폭
폭
영혼이 잠기었는데
살갑게 와
따스한 손길로
한 번
두 번
볼을 매만지는 바람

자꾸만
나는, 내게로 성큼 다가서는 바람을 껴안은 채
그 사연을 읽고
바람은 내 몸짓의 의미를

너에게로

실어 나른다

내 마음 안에서

내 마음 안에
둥지 틀고 앉은
그윽한 시선 하나가 있다

그리 멀지도 않은
너무 가깝지도 않은
적당한 눈빛으로

조금만 가까이
더 가까이 다가서려면
내 성급함 달래려
뒷발걸음으로 달아나고

한낱
세상의 일에 쫓겨
돌볼 겨를이 없을 때면
내 무심함 탓하려
성큼

내 앞에 와 있는

달아나면서도
다가오면서도

싱긋

미소로 보아주는
흐뭇한 눈길 하나가 있다

아카시아

초록의 산중턱에
곳곳이 서서
하이얀 손수건
나풀나풀 흔드는 몸짓이
너인 줄 알겠더라

어서 오라
가까이 오라
나를 부르는 손짓이
멀리서도
너인 줄 알겠더라

마음의 고삐
꼭 쥐어 끌어당기는
알싸한 향기에
후끈
후끈
붉게 달아오르는 얼굴

두 눈 감아도
너인 줄
모를 이 없겠더라

어떤 초대

내 마음에
너를 초대할게

언제라도
나를 찾을 수 있는
한때를 위해
내 마음을 비워둘게

네가 와서
잠시 쉴 수 있도록
내 마음을 열어둘게

어느 한밤
몰래 몰래 찾아와도
노크할 필요 없는

내 마음에
너를 초대할게

詩가 돋는다

상념 익어 가는
내 마음의 뜨락에
詩가 돋는다
어둠의 옷자락 걷고
이슬 눅눅히 배인
자정의 시간을 지나
새순 하나
몰래 새벽에 솟는다
고독의 빛 살짝 미소로 머금은
새싹 하나가
살금살금
얼굴을 내민다

쉿!

쉿!

조용, 조용히

북소리

둥
둥
소리 없이 울려 퍼지는
내 마음의 소리다
붉은 핏방울이
심장을 두들기는 소리다
이른 새벽에
잠에서 문득 깨어날 때
아무에게도 들리지 않는
이 낱소리는
눈을 감고 있어도
홀로 둥둥거리고
하루가 저무는 시간에도
쉬이 그칠 줄 모르는
고독한 북소리다
푸석푸석해진 가슴에
파릇파릇한 씨앗 하나 뿌리려고
뒤엎은 땅에

빗방울을 부르는 천둥의 외침이
오늘도 울린다
둥
둥

세월

누군가
뒤에서 말없이 바라보는 것 같아
힐끔
돌아보면 아무도 없더라

무언가
위에서 소리 없이 내려다보는 것 같아
올려다보아도
그건, 마찬가지지

자꾸만
자꾸만
엇나간 의도인 듯 외진 한 방향으로
등 떠밀리는데

돌아보고
돌아보고

괜스레, 또 한 번쯤

서투른 짓이
차라리 더 익숙하더라

하나의 낱말

너에게
밑줄 그어진
하나의 낱말이 되고 싶다

볼 수 없기에
만질 수 없고
만질 수 없기에
더욱 그리워지는

너의
고운 가슴에
그리움으로 쓰는 나의 이름 석 자
눈물처럼 맺히고 맺혀

너에게
밑줄 그어진
하나의 낱말로 머물고 싶다

해설

'담담함'의 서늘한 미학

백인덕 시인

1.

때로는 '태도나 자세'가 결과의 가치를 결정하는 데 그 무엇보다 중요한 요인이 되기도 한다. 물론 여기서 태도란 현실주의냐 이상주의냐, 혹은 관념론자인가 즉물주의자인가를 묻는 거대 담론을 오롯이 겨냥하지는 않는다. 그런 상위의 개념이 전혀 개입하지 않을 수는 없겠지만, 이 글에서 사용하고자 하는 '태도'는 시작의 동기, 어휘의 선택, 그로 인해 빚어지는 이미지의 성과 등등을 포괄해서 낮은 강도에서 규정하려는 개념일 뿐이다. 진상록의 이번 시집 『내 마음속 작란』은 '작란(作亂)'이라는 시어가 거느리고 있는 인식적 의미의 폭과 깊이가 주는 현대적 뉘앙스보다 그의 시작 태도로서의 '담담함', 즉 '담담하고 진솔한 어휘 구사와 구성'이 보다 큰 특징으로 확연하게 눈에 들어온다. 사실 모든 시는 선배, 즉 앞선 시들의 영향으로부터 자유로울 수 없고, 심지어는 의도하지 않은 구속(拘束)을 받게 마련이다. 표제가 들어있는 「집착에 대하여」만 봐도 '작란'이라는 어휘의 상징성 때문에 현대적 난해시로 오해할 소지가 충분하다. 주지의 사실이지만, 김수영의 초기시 「孔子의 生活難」의 유명한 구절, "꽃이 열매의 上部에 피었을 때/너는 줄넘기 作亂을 한다." 때문에 '작란'이란 어휘는 한국 현대시에서 매우 강한 상징성을 갖게 되었다. 하지만 강한 선배의 영향이란 뒤집어 말하면 후배 시인들에게 새로운 시어의 영역을 확장해주는 것 또한 사실이다. 김수영의 '작란'은 김수영의 의미이고, 진상록의 '작란'은 진상록적인 의미를 함축하면 그만이라는 것이다.

가진 것 없는
내가
오로지 해야 할 일은
산다는 것에 대하여
그나마 담담해지는 일이기도 한 것 같아
4분의 4박자로 내리는
빗방울의 음표만
하나
둘

셋
눈치 없이 세어보는데

—「맨가슴을 꼬집히다」 부분

생은 어느 시점에서부터 '담담해지는 일'을 '산다는 것'의 우선적 목표로 내세워야 자연스러운 것일까. 시인은 또 한 번의 고비("바람결에 묻어와/한순간 떼 지어 몰려가는 가을") 앞에서 새삼스런 질문("나를 잊었느냐")을 마주하고 망설인다. "잊었노라/잊었노라/단 한마디 말할 수 없"기 때문이다. 말할 수 없는 이유는 다른 작품 「눈부터 젖는다면」에서 드러나듯, "젖은 눈이/이미 다 말하였으므로" 차라리 '말을 삼키는' 시인의 자세에서 유추해볼 수 있다. 계절의 변화에서 생의 여분(餘分)을 수량으로 산(算)하는 자세는 지극히 경제적인 방식이고 그만큼 비시적인 태도라 할 수 있다. 일반적으로 시는 무용(無用)하고 심지어는 무목적이기 때문이다. 시인은 다그쳐 대답을 구하는 계절(가을)의 폭압 앞에서 "4분의 4박자로 내리는/빗방울의 음표만" 세고 있다. 비록 늦가을의 소나기라 할지라도 만약 채 1분을 쏟아지지 않더라도 그 음표를 다 세기로 작정한다면, 길어야 백년 우리 인생 전부를 다 소진(消盡)해도 가능하지 않을 것이다. 그러나 시인이 세는 것은 '빗방울의 음표' 하나하나가 아니다. 그것은 차라리 '4분의 4박자' 한마디를 겨냥한다. 4분의 4박자는 느리지도 빠르지도 않은 일종의 중용(中庸)이고 따라서 사람이 가장 편안하게 즐길 수 있는 리듬이다. 그 이유는 우리의 심장이 자연스러운 상태에서 그 리듬을 가지고 박동(搏動)하기 때문이다. 이렇게 보면 시인의 '눈치 없'는 혹은 미련스럽게 느껴지는 행위는 결코 무용한 것이 아니다. 또 한 차례 계절의 고비 앞에서 그 어떤 절망이나 각오 이전에 '숨 고르기'를 하는 한 존재가 충분히 그려지기 때문이다. 이 자세는 바로 시인이 그려내고자 하는 '담담함의 세계'와 다르지 않은데, 그것은 결국 과거가 소환된 현재와 소환된 과거로 침윤(浸潤) 미래가 만나는 순수한 현재, 그 지점을 시인이 매섭게 인식하고 주목하고 있기 때문이다.

한 발로
하나를 건너뛰고
또 한 발 성큼 내딛어
두 번째 돌을 뛰어넘고
그 너머
멀지 않은 곳에 있는
세 번째 돌을 바라다본다
바로 지금이 아니더라도
언젠가는 넘어야 할 태산같이
작은 몸
우뚝 버티고 있는

징검다리 위에서
다시, 두 발로
다음 하나를 톡 딛고
또, 두 발 가지런히 모아 돌 건너다가는
물속에 내비친 그림자를
눈동자 안에 가둔다
가만히 서서 바라보는
그림자 하나는
물속에서 흔들리고 있다
눈에서 일렁이고 있다
가야 할 길 서둘러 가는 물처럼
바삐 가는 세월 속에서
온몸 출렁 출렁이며
한 점에
나는 멈춰 서 있다

—「징검다리」 전문

우리는 흔히 인생을 '길'에 비유하지만, 일반화된 추상 개념으로서의 '생'이 아니라 구체적 실제로서 계기(繼起)로 작동하는 '생'을 비유하자면 '징검다리'만큼 적확한 어휘도 찾아보기 어렵다. 인용 작품은 전반부에서 징검다리를 건너는 방법을 기술하면서 시인이 건너왔던 과거의 형상이 아니라 자세를 암시하고 있다. 그것은 '발'에 온 신경을 집중하는 것인데, 주지의 사실이지만 발은 대지와의 관련성으로 인해 뿌리 혹은 근거의 상징이 되고, 곧바로 현실인식을 표면화하는 어휘라 할 수 있다. 시인은 한 지점, 한 지점마다에서 '성큼 내딛'는 용기와 '두 발 가지런히 모'으는 집중을 보여주는데, 반면에 '눈'은 다음 지점을 겨냥할 뿐 구체적인 작동 인자(因子)가 되지 못한다. 그러다가 홀연히 "물속에 내비친 그림자를/눈동자 안에 가둔다". 그 그림자는 "물속에서 흔들리고 있다/눈에서 일렁이고 있다". 자기 그림자를 재인식하는 내 눈에서 그림자는 낯선 존재가 되어 나를 '한 점'에 멈춰 서게 하는 것이다. 사실 시인에게 '그림자'란 결코 낯선 존재가 아니다. 「그림자」에는 시인이 맺고 있는 내밀한 관계가 잘 표현되어 있다. "그림자에는/더 멀리 내다볼 수 있는 두 눈망울이/숨어 있지/멀지 않은 거리에서/어깨동무하며 토닥거려주는/하늘 같은 마음이 달렸지/슬플 때에는 나를 대신해 보이지 않는 눈물 흘리고/기쁠 때에는 나와 함께 싱긋 웃"는다. 자기로부터 비롯했으나, 그 자기가 결단코 감춰야 할 어떤 부분이 말 이전의 상태로 응축되어 있다. 이것은 사회적 관계로서의 '익명인'이 아니다. '익명인'은 관계라는 사회적 맥락 속에서 의도하지 않은 결과를 빚어내고 "우연일 뿐이라지만/좁은 골목길을 걸어가는 여자와/설핏 눈길이라도 잘못 마주치는 날에는/어느 때 원죄에 걸려들지도 모"(「익명인」)르는 불안한 상태에 머물 뿐이다. 다시 말해, 시인에게 그림자는 검은 존재가 아니라 검어서 하얀 그 어떤 상태를 지칭한다.

2.

진상록 시인은 '담담함의 미학'을 형상화하고 있다. 나는 그 사이에 '미학'의 수식어로 '서늘한'이라는 형용사를 끼워 넣었다. 서늘하다는 것은 '담담함'을 이어받는 어휘다. 그것은 지나치게 뜨겁지도 차갑지도 않은 상태를 말한다. 단순히 상태만을 말하는 것이 아니라 형성되는 지점도 중요하다. 그늘이 더 강렬해지는 지점은 유난히 햇살이 따가운 곳의 경계다. 다시 말해 '서늘하다'는 것은 서서히 식어버린 열정의 상태가 아니라 여기—지금 펄펄 끓고 있는 열정의 단 한 발짝 물러선 지점이라는 의미다. 이 지점이 시인의 '담담함'의 의미를 더욱 특징적으로 만들고 시인만의 시적 개성을 드러낼 수 있는 장(場)이 되어준다고 볼 수 있다.

아득한 저 아래서
더 더 낮은 한 곳에서
소리 없이 솟구쳐 오르다가
반듯한 표면 아래
춤추는 허수아비마냥 달라붙는다

가두고자 버티는 허상과

벗어나고자 몸부림치는 그림자가 서로 등 떠밀며 견주
어 보다가
분절의 경계선에서
기어이, 기어이 떨어질 수도 없는 한 몸이 되어
버려진 낙엽처럼 나뒹군다

—「거울」 부분

거울은 이면(裏面)을 어둡게 덧대야만 비추는 상(像)을 반사할 수 있다. 이른바 '거울상'을 통해 우리가 진정한 자기성찰에 닿을 수 없는 이유가 여기에 있다. 그러나 상상적으로 그 행위를 개시(開始)할 수는 있다. 시인은 '아득한 저 아래서' 어두운 상 하나를 끄집어내 '춤추는 허수아비'처럼 표면에 착시한다. 여기서 시인은 '아득한'이라는 수식어를 사용하고 있다. 다른 작품 「밑줄」에서는 "그 속에,('아득한'이란 단어는 생략하기로 한다. 나 이미 당도하였으므로)"라고 했다. 견주어 보면, 「거울」에 '아득한'이라는 수식어가 생략되지 않은 것은 시인이 어떤 상태에 '당도'하지 못했음을 반증하는 것인데, 말 그대로 자기성찰이 시작되는 지점을 형상화하고 있을 뿐, 그 구체적 양상은 잘 드러나지 않는다. 그 구체적인 양상은 「자화상」 등의 작품을 보완적으로 해석하여 채워 넣어야 한다.

슬픈 일 보아도

이제는 눈물이 나지 않는
어른이 되어 있었다
검은 눈동자에
하얀 사막의 밭 넓혀 가는

—「자화상」 부분

시인 자신을 '고독한 나무'에 비유하면서 "검은 눈동자에/하얀 사막의 밭"을 넓혀가는 '어른'이 되었다고 자조하고 있다. "넓고 넓은 초록의 언덕에서/한가로이 풀 뜯는 소의 고삐를 꼭 부여잡고/턱 괴고 앉아/아버지처럼 어른이 되어서는/무엇이 될까/무엇이 될 수 있을까/무엇이/나를 어떻게 만들까"(「무엇이 될 수 있을까」) 행복한 고민을 하던 '아이'에서 몇 차례의 고비를 넘어 "가두고자 버티는 허상과 벗어나고자 몸부림치는 그림자"로 순수한 열정의 이면을 이미 덧칠해버린 자기 자신을 목도(目睹)하고 있는 것이다.

하지만 진상록 시인의 '담담함'이 서늘하게 빛나는 지점이 바로 여기다. 분노나 회한을 탈색(奪色)해 담담한 빛깔의 무늬로 재생하고 있는데, 여기서는 '그늘'마저도 차갑지 않고, 햇살마저 뜨겁지 않다. 그렇게 시인만의 '소우주'를 빚어내게 된 것이다.

상습적 침략으로 한순간 머무는 파도가
홀연히 떠나가는

빈 바닷가 모래밭
내버려진 채 마구 뒹구는 햇살을
주섬주섬 건져 올린다
타닥타닥 타들어가는 호흡 급한 물고기처럼
튀어 오르는 마른 햇살
모래알은 주저주저하다 끝내 침몰하고
구멍 속을 허우적대는 발걸음
가슴에 온기 하나 없는
나도 빠져들어 간다
저 멀리 출렁거리는
한 획에서
봉긋한 곡선 그리며 날아오르는
갈매기 한 마리
젖고 젖은 날갯짓으로
내 붉은 심장 가득 모아둔 햇살을
이리저리 헤치고 파고든다

—「햇살을 건져 올리다」 부분

일몰의 바닷가를 시공간의 배경으로 세팅해서 시인은 생의 저물녘에 닿은 한 존재의 심회(心懷)를 연쇄적인 이미저리(imagery)로 형상화해 보여주고 있다. 인용 작품의 핵심은 멀리서 바라보면 자연이란 길어야 '백년'일 뿐인 우리 생과는 무관하게 그저 매일의 제 몫을 다 주무하기에 바쁘고 우리는 '고독한 나무'처럼 자라서 제 그늘을 움켜쥐고 애잔해하는 존재일 뿐이라는 사실에 대한 각인이 매섭게 드러나고 있는 것처럼 보인다. 그러나 그렇지 않다. 시인은 마지막 연에서 "아! 애달픈 가슴에/저리도, 저리도 천연덕스럽게"라며 '내 붉은 심장'을 헤집고 파고드는 '갈매기'의 비행을 한탄(恨歎)하지만, 바로 이러한 사실의 발견이 '담담함'이라는 시적 태도를 견인(牽引)한다. 시인은 이를 누구보다도 잘 알고 있다. 그는 이미 다른 작품, 「소나기」에서 "나를 바라보는 저 빗물과/비를 바라보는 내 눈빛이/유리 창문을 넘지 못하고 서로 충돌하는/아슬, 아스라한 간극"을 익히 인식하고 있음을 드러내고, 유년의 '고향집 뒤뜰 언덕'의 대나무와의 교감을 기억하고 있다. "아주 머언 곳에서/바람이라도 부는 날이면/귓속말하길 좋아해서/가까이, 가까이 다가선 내 얼굴에/제 고개를/낮게, 더 낮게 들이밀고"(「초록의 대화」) 나누는 내밀한 대화, "소근, 소근"거림이 결국 시인의 삶의 자산임을 분명히 하고 있다. 그래서 시인은 드디어 한 경지(境地)에 다다르게 되는데, 그것은 생존을 위해 발버둥 치는 고립된 개인이 아니라 실존의 근거로 나를 개방(開放)하는 적극적 자아상이다.

> 짧은 생애에
> 부족한 것 있다면

생존에 필요한
검붉은 혈액이 아니다

나에게 말이야
더 필요한 것 있다면
그 넘쳐나는 핏방울을 온전히 달구어 줄 수 있는
하이얀 햇살이다

양지 바른
어느 한 적당한 곳에서
문득
내가 먼 산을 그윽이 바라본다면

그건, 있잖아

차별 없이 쏟아지는 햇살을 수혈 받고 받아
누군가에게
온기를 전하고 싶은 것이다

—「햇살을 수혈 받다」 전문

인용 작품은 두 시점, 혹은 시인의 표현처럼 '분절의 경계선'을 명확하게 드러낸다. 1연에 드러나듯이 '생존'에 필수적인 요건이 '검붉은 혈액'이었던 시기와 그 이후로 확연하게 분기(分岐)되는 것이다. '검붉은 혈액'은 일종의 열정과 몸에서 비롯하는 필요를 충족시켜야 하는 세계를 상징한다면, '하이얀 햇살'은 우리가 생에서 경험하게 되는 일종의 경이, 신비의 감정인데 그 무차별성은 내 몸의 '검붉은 혈액'만 데우는 것이 아니라 그 '온기'가 온 세상을 향해 퍼져 나가야 한다고 우리의 인식을 자연스럽게 바꾼다. "문득/내가 먼 산을 그윽히 바라보"는 행위는 종말을 예감하는 비극적 순간이 될 소지가 충분하지만, 시인은 그 지점을 "누군가에게/온기를 전하고 싶은" 생명 최고의 절정의 순간으로 뒤바꾼다. 바로 이것이 '담담함의 미학적 가치'다. 작은 변화가 개인이라는 '소우주'의 구성과 운행을 바꾸고, 그 변화가 세계를 재구(再構)하는 힘으로 성장하도록 노래하는 것이다.

3.

진상록 시인의 이번 시집, 『내 마음속 작란』은 '담담하고 서늘한 미학'을 형성했다. '담담하고 서늘하다'는 것은 시인의 시작 태도를 지칭하고, 그것을 '미학적 관점'에서 읽을 수 있다는 것은 단순히 시적 개성의 유무를 떠나 '가치론'적인 접근이 가능하다는 말에 다름 아니다.

잦은 흔들림이

아름다워 보이는 건
바람에 고개 숙일 줄 아는
연한 몸짓 때문이 아니라
그 순간
나 역시 흔들리고 있었음을
알았기 때문이다

—「억새풀」 부분

억새를 어떻게 인식하느냐에 따라 시적 태도가 달라진다. 주지의 사실이지만, 스스로 움직일 수 없다는 점을 들어 불가피하게 생존 조건에 함몰된 존재로 표상할 수도 있다. 하지만 시인은 '잦은 흔들림'의 원인을 외부 요건인 '바람'이 아니라 "나 역시 흔들리고 있었음"이라는 상동성(相同性)에서 찾는다. '두두물물(頭頭物物)'을 말한다면 지나친 억견이 되고 말 것이다. 나는 다만 시인이 보인 유마(維摩)적 태도가 앞으로 더 활발하게 형상화되어 우리 시단을 풍부하게 하는 데 일조(一助)하기를 바라 마지않을 뿐이다.

이 도서의 국립중앙도서관 출판시도서목록(CIP)은 서지정보유통지원시스템 홈페이지(http://seoji.nl.go.kr)와 국가자료공동목록시스템(http://www.nl.go.kr/kolisnet)에서 이용하실 수 있습니다.(CIP제어번호: CIP2017015983)

문학의전당 시인선 0262

내 마음속 작란

초판 1쇄 인쇄 2017년 7월 10일
초판 1쇄 발행 2017년 7월 17일
지은이 진상록
펴낸이 고영
책임편집 서윤후
디자인 헤이존
펴낸곳 문학의전당
출판등록 제2017-000002호
주소 서울시 마포구 마포대로 11길 91, 3층
전화 02-852-1977 팩스 02-852-1978
전자우편 sbpoem@naver.com

ISBN 979-11-5896-327-9 03810